Eines Tages ...
bringe ich die Zwiebel zum Weinen.

(Verfasser unbekannt)

Inhalt

Rezeptinfos

5 SmartPoints Wert — SmartPoints Wert und zusätzlich kcal/kJ pro Person/Glas/Stück

Fertig in:
Hier sind alle Vorbereitungsschritte, Marinier-, Gar- und Backzeiten eingerechnet.

Davon aktiv:
Diese Zeitangabe sagt dir, wie lange du wirklich mit Schnippeln und Rühren beschäftigt bist.

QR-Code scannen und Einkaufslisten entdecken.

Morgens
Snack
Mittags
Abends

Warenkunde

Das Allround-Talent Hackfleisch – wir haben hier ein paar wichtige Informationen für dich zusammengestellt.

Besonders fettarm

Sicher kennst du das typische Hackfleisch aus Schwein und Rind. Wenn du es lieber fettarm magst, solltest du allerdings besser reines Rinderhack als Basis für deine Gerichte verwenden. Mit max. 20 % Fett die bessere Wahl! Noch weniger Fett hat Tatar, dies hat nur max. 6 % Fett.

Im Trend liegen gerade Hackfleisch aus Kalb, Lamm, Wild und Geflügel. Bis auf Lammhackfleisch (20 % Fett) haben alle genannten Sorten nicht mehr als 10 % Fett. Ideal für eine gesunde und ausgewogene Ernährung.

Do it yourself!

Hackfleisch selbst herzustellen ist immer mehr im Kommen, da man Geflügelhackfleisch nicht in jedem Supermarkt bekommt.

Du kannst es jedoch kinderleicht selbst herstellen. So kennst du die Qualität und kannst selbst auf die Hygiene achten. Du brauchst nur einen guten Fleischwolf und das richtige Fleisch. Achte darauf, dass du sehnenfreies Fleisch benutzt. Andernfalls können die Sehnen das Getriebe deines Fleischwolfs blockieren.

Für Geflügelhack lassen sich am einfachsten Putenschnitzel oder Hähnchenbrustfilets verwenden. Zur Herstellung von Lammhack nimm am besten fettarmes Muskelfleisch.

Würzen kannst du das Hackfleisch je nach Geschmack mit Salz, Pfeffer, Paprikapulver, Kümmel, etwas Muskatnuss und ganz vielen frischen Kräutern.

Wenn du keinen eigenen Fleischwolf hast oder kein frisches Hackfleisch selber machen willst, suche dir einen Metzger deines Vertrauens. Wähle Fleischstücke aus der Theke aus und bitte ihn, dir diese schnell durch den Wolf zu drehen.

Alles aus dem Topf

Klassische Kohlrouladen

mit Pilz-Tatar-Füllung

7 SmartPoints Wert

Für 4 Personen
Fertig in: 90 Min.
Davon aktiv: 40 Min.
Familie
412 kcal | 1722 kJ

1 Weißkohl (ca. 1 kg)
Salz, Pfeffer
2 große Scheiben Toast
1 Zwiebel
200 g braune Champignons
300 g Tatar
1 Ei (Größe M)
1 EL Senf
1/4 TL gemahlener Kümmel
2 TL Rapsöl
1 EL Tomatenmark
500 ml Gemüsebrühe (2 TL Instantpulver)
600 g festkochende Kartoffeln
100 g Frischkäse, bis 1 % Fett absolut
1 Msp. geriebene Muskatnuss
1 EL gehackte Petersilie

1. Weißkohl putzen, den Strunk herausschneiden und Weißkohl in Salzwasser ca. 5 Minuten blanchieren. 8 Blätter ablösen, dicke Blattrippen flach schneiden und restlichen Kohl in Streifen schneiden.

2. Toast in Wasser ca. 5 Minuten einweichen. Zwiebel schälen und fein würfeln. Champignons trocken abreiben und in Würfel schneiden. Toast ausdrücken, mit Tatar, Zwiebel-, Champignonwürfeln, Ei, Senf und Kümmel verkneten und mit Salz und Pfeffer würzen.

3. Tatarmasse auf Weißkohlblätter verteilen, fest aufrollen und mit Küchengarn fixieren. Öl in einem Topf auf hoher Stufe erhitzen, Rouladen darin ca. 5 Minuten rundherum kräftig anbraten, Tomatenmark zufügen, kurz anrösten und mit Brühe ablöschen. Kohlrouladen mit Deckel auf niedriger Stufe ca. 40 Minuten schmoren, 20 Minuten vor Ende der Garzeit Kohlstreifen zugeben und mitgaren.

4. Kartoffeln schälen, in Stücke schneiden und in Salzwasser ca. 20 Minuten garen. Kohlrouladen herausnehmen, Kohlstreifen mit Frischkäse und Muskatnuss verfeinern und mit Salz und Pfeffer abschmecken. Kartoffeln abgießen, mit Petersilie bestreuen und mit Kohlrouladen und -gemüse servieren.

Pikanter Hackfleischtopf

mit Orecchiette

9 SmartPoints Wert

Für 2 Personen
Fertig in: 40 Min.
Davon aktiv: 25 Min.
To Go | Einfrieren
506 kcal | 2119 kJ

1 rote Chilischote
1 Schalotte
1 Zweig Thymian
1 Zweig Rosmarin
je 1 rote und grüne Paprika
1 TL Rapsöl
75 g magere Schinkenwürfel
250 g Tatar
Salz, Pfeffer
1 TL Paprikapulver
1 TL Tomatenmark
125 ml Gemüsebrühe
(1/2 TL Instantpulver)
120 g trockene Orecchiette

1. Chilischote waschen, entkernen und in feine Würfel schneiden. Schalotte schälen und in Ringe schneiden. Thymian und Rosmarin waschen, trocken schütteln und hacken. Paprika waschen, entkernen und in Würfel schneiden.

2. Öl in einem Topf auf hoher Stufe erhitzen, Schinkenwürfel darin kurz anbraten und herausnehmen. Tatar im Bratensatz krümelig braten. Schalottenringe, Chiliwürfel, Thymian und Rosmarin zufügen und mit Salz, Pfeffer und Paprikapulver würzen. Tomatenmark, Paprika- und Schinkenwürfel dazugeben, mit Brühe ablöschen und ca. 10 Minuten köcheln lassen.

3. Nudeln nach Packungsanweisung in Salzwasser garen, abgießen und unter die Sauce heben. Pikanten Hackfleischtopf mit Salz und Pfeffer abschmecken und servieren.

Gut zu wissen

Orecchiette sind eine italienische Nudelsorte. Den Namen verdanken sie ihrer speziellen Form, die an „Öhrchen" erinnert.

Chili mit Tortillachips

7 SmartPoints Wert

Für 6 Personen
Fertig in: 70 Min.
Davon aktiv: 25 Min.
403 kcal | 1691 kJ

1 rote Zwiebel
2 Stangen Staudensellerie
1 TL Olivenöl
500 g Tatar
2 Knoblauchzehen
1 TL Kreuzkümmel
1 TL Chilipulver
800 g stückige Tomaten (Konserve)
400 g Kidneybohnen (Konserve)
Salz, Pfeffer
1 grüne Paprika
1 Handvoll Koriander
1 Römersalat
2 eingelegte Jalapeños
75 g geriebener Käse, 30 % Fett i. Tr.
160 g Tortillachips

1. Zwiebel schälen und würfeln. Sellerie waschen und in Stücke schneiden. Öl in einem Topf auf mittlerer Stufe erhitzen und Selleriestücke mit Zwiebelwürfeln darin 6–7 Minuten dünsten. Tatar dazugeben, Knoblauch dazupressen, mit Kreuzkümmel und Chilipulver würzen und auf hoher Stufe krümelig anbraten.

2. Tomaten und Bohnen dazugeben und mit Salz und Pfeffer würzen. Chili mit Deckel ca. 30 Minuten köcheln lassen. Paprika waschen, entkernen, würfeln, unter das Chili rühren und 10–20 Minuten garen.

3. Koriander waschen, trocken schütteln und hacken. Salat waschen, trocken schleudern und in Streifen schneiden. Jalapeños in Ringe schneiden. Chili mit Koriander, Jalapeñoringen, Salatstreifen, Käse und Tortillachips als Toppings nach Wahl servieren.

Wie alle Eintöpfe schmeckt das Chili aufgewärmt noch besser und lässt sich für Partys somit super vorbereiten. Es hält sich im Kühlschrank bis zu 3 Tagen.

Wirsingeintopf

mit Hackbällchen

8 SmartPoints Wert

Für 4 Personen
Fertig in: 50 Min.
Davon aktiv: 30 Min.
Familie | Einfrieren
504 kcal | 2108 kJ

2 Zwiebeln
800 g mehligkochende Kartoffeln
1 Wirsing (ca. 1,2 kg)
1 EL Olivenöl
1 Liter Gemüsebrühe (4 1/2 TL Instantpulver)
600 g Tatar
150 g Frischkäse, bis 1 % Fett absolut
2 EL Senf
1 EL Tomatenmark
1 TL gehackter Majoran
2 EL gehackte Petersilie
Salz, Pfeffer
1/2 TL rosa Pfefferbeeren

1. Zwiebeln und Kartoffeln schälen. Kartoffeln würfeln. Wirsing putzen, vierteln, den Strunk entfernen und Wirsing mit Zwiebeln in Streifen schneiden. Öl in einem Topf auf mittlerer Stufe erhitzen und Zwiebel mit Wirsingstreifen darin ca. 8 Minuten dünsten. Kartoffelwürfel dazugeben, mit Brühe ablöschen und mit Deckel ca. 20 Minuten garen.

2. Tatar mit 50 g Frischkäse, Senf, Tomatenmark, Kräutern, Salz und Pfeffer verkneten und zu 20 kleinen Bällchen formen. Hackbällchen 6–8 Minuten vor Ende der Garzeit in den Eintopf geben und darin auf niedriger Stufe gar ziehen lassen. Wirsingeintopf mit restlichem Frischkäse verfeinern, mit Salz und Pfeffer abschmecken und mit rosa Pfefferbeeren bestreut servieren.

Würzige Schmorgurken

5 SmartPoints Wert

Für 2 Personen
Fertig in: 30 Min.
Davon aktiv: 20 Min.
Schnell | To Go
305 kcal | 1275 kJ

500 g Schmorgurken
300 g mehligkochende Kartoffeln
1 kleine Zwiebel
1 TL Rapsöl
200 g Geflügelhackfleisch (aus Geflügelbrustfilet)
400 ml Gemüsebrühe (2 TL Instantpulver)
2 EL Crème légère
Salz, Pfeffer
1 Msp. Chilipulver
1 EL gehackte Petersilie

1. Gurken schälen, der Länge nach halbieren, Kerne mit einem Löffel entfernen und Gurken in Scheiben schneiden. Kartoffeln und Zwiebel schälen und beides in Würfel schneiden.

2. Öl in einem Topf auf mittlerer bis hoher Stufe erhitzen und Hackfleisch darin krümelig anbraten. Gurkenscheiben mit Zwiebel- und Kartoffelwürfeln zufügen, kurz mitbraten, mit Brühe ablöschen und auf niedriger Stufe ca. 10 Minuten köcheln lassen.

3. Schmorgurken mit Crème légère verfeinern, mit Salz, Pfeffer und Chilipulver würzen und mit Petersilie bestreut servieren.

Wenn du keine Schmorgurken findest, kannst du auch normale Salatgurken nehmen.

Käse-Lauch-Suppe

8 SmartPoints Wert

Für 4 Personen
Fertig in: 30 Min.
Davon aktiv: 15 Min.
Schnell | Einfrieren
406 kcal | 1698 kJ

3 Stangen Lauch
200 g Champignons
2 TL Olivenöl
400 g Tatar
700 ml Gemüsebrühe (3 TL)
200 g Frischkäse, bis 1 % Fett absolut
Salz, Pfeffer
1 TL Paprikapulver
60 g Gorgonzola, 50 % Fett i. Tr.
4 Scheiben Roggenvollkornbrot (Schwarzbrot)

1. Lauch waschen und in Ringe schneiden. Champignons trocken abreiben und vierteln. Öl in einem Topf auf hoher Stufe erhitzen und Tatar darin krümelig anbraten. Lauchringe und Champignonviertel zufügen und kurz mitbraten. Mit Brühe ablöschen und ca. 10 Minuten köcheln lassen.

2. Suppe mit Frischkäse verfeinern und mit Salz, Pfeffer und Paprikapulver abschmecken. Gorgonzola würfeln. Käse-Lauch-Suppe mit Gorgonzola bestreuen und mit Roggenvollkornbrot servieren.

Steckrübeneintopf

6 SmartPoints Wert

Für 2 Personen
Fertig in: 40 Min.
Davon aktiv: 15 Min.
Familie | To Go | Einfrieren
378 kcal | 1581 kJ

700 g Steckrübe
300 g festkochende Kartoffeln
1 TL Rapsöl
200 g Tatar
Salz, Pfeffer
450 ml Gemüsebrühe (2 TL)
2 EL saure Sahne
1 EL gehackte Petersilie

1. Steckrübe und Kartoffeln schälen und würfeln. Öl in einem Topf auf mittlerer bis hoher Stufe erhitzen und Tatar darin krümelig anbraten. Steckrüben- und Kartoffelwürfel zufügen, kurz mitbraten und mit Salz und Pfeffer würzen.

2. Mit Brühe ablöschen und mit Deckel auf niedriger Stufe ca. 20 Minuten garen, dabei gelegentlich umrühren. Steckrübeneintopf mit saurer Sahne garnieren und mit Petersilie bestreut servieren.

Maultaschen

mit Tatarfüllung

6 SmartPoints Wert

Für 4 Personen
Fertig in: 60 Min.
Davon aktiv: 30 Min.
Familie | Einfrieren
345 kcal | 1444 kJ

110 g Mehl
100 g Hartweizengrieß
100 ml Wasser
Salz, Pfeffer
1 Ei (Größe M)
1 Zwiebel
200 g Tatar
1/4 TL abgeriebene unbehandelte Zitronenschale
1 EL gehackte Petersilie
3 Karotten
1 Stück Knollensellerie (ca. 150 g)
2 Stangen Lauch
1,6 Liter Gemüsebrühe (2 EL Instantpulver)
1 Lorbeerblatt

1. Für den Nudelteig 100 g Mehl mit Grieß, Wasser und 1/2 TL Salz vermengen und zu einem glatten Teig verkneten. Teig zu einer Kugel formen und in Frischhaltefolie gewickelt ca. 30 Minuten kalt stellen.

2. Ei trennen. Für die Füllung Zwiebel schälen, fein würfeln, mit Tatar, Eigelb, Zitronenschale und Petersilie vermengen und mit Salz und Pfeffer würzen. Karotten und Sellerie schälen und in Würfel schneiden. Lauch waschen und in Ringe schneiden. Brühe in einem Topf auf hoher Stufe mit Karotten-, Selleriewürfeln, Lauchringen und Lorbeerblatt zum Kochen bringen und auf niedriger Stufe ca. 10 Minuten köcheln lassen.

3. Arbeitsfläche mit restlichem Mehl bestäuben, Teig dünn rechteckig (ca. 30 x 40 cm) ausrollen und halbieren. Füllung mithilfe eines Esslöffels in 12 Portionen auf einen Teigstreifen geben, dabei genügend Abstand halten und Ränder mit Eiklar bepinseln. Restlichen Teigstreifen daraufsetzen, Ränder fest andrücken und daraus 12 Maultaschen schneiden.

4. Maultaschen in der Brühe auf niedriger Stufe ca. 15 Minuten gar ziehen lassen, Lorbeerblatt entfernen und Maultaschen mit Gemüsebrühe servieren.

Wirsingrouladen

nach marokkanischer Art

9 SmartPoints Wert

Für 4 Personen
Fertig in: 75 Min.
Davon aktiv: 40 Min.
509 kcal | 2128 kJ

1 Wirsing (ca. 1 kg)
Salz, Pfeffer
3 Schalotten
600 g Tatar
1 Ei (Größe M)
1 Msp. Muskatnuss
1 Msp. Zimt
2 Msp. Chilipulver
1/2 TL Kurkuma
3 TL Rapsöl
350 ml Gemüsebrühe
(2 TL Instantpulver)
3 getrocknete Datteln
180 g trockener Couscous
2 TL Feigensenf
1 TL Speisestärke
2 EL entrahmte Milch

1. Wirsing putzen, 4 große Blätter abtrennen, die Blattstiele flacher schneiden und in Salzwasser 3–4 Minuten blanchieren. Wirsingblätter abgießen, abschrecken und trocken tupfen. Restlichen Wirsing vierteln, den Strunk entfernen und Wirsing in dünne Streifen schneiden.

2. Schalotten schälen, fein würfeln, mit Tatar und Ei verkneten und mit Salz, Muskatnuss, Zimt, Chilipulver und Kurkuma würzen. Hackmasse auf den Kohlblättern verteilen, fest aufrollen und mit Küchengarn fixieren. 2 TL Öl in einem Topf auf mittlerer bis hoher Stufe erhitzen, Rouladen darin ca. 5 Minuten rundherum kräftig anbraten, salzen und pfeffern und mit 250 ml Brühe ablöschen. Wirsingrouladen mit Deckel auf niedriger Stufe 35–45 Minuten schmoren.

3. Restliches Öl in einer Pfanne auf mittlerer bis hoher Stufe erhitzen und Wirsingstreifen darin ca. 3 Minuten anbraten. Mit restlicher Brühe ablöschen und ca. 10 Minuten dünsten. Datteln in feine Würfel schneiden. Couscous nach Packungsanweisung in Salzwasser garen. Wirsingstreifen gegebenenfalls abgießen, mit Couscous und Dattelwürfeln vermischen und mit Salz und Pfeffer abschmecken.

4. Wirsingrouladen herausnehmen und Bratensud mit Feigensenf verfeinern. Stärke mit Milch anrühren, mit Bratensud verrühren und aufkochen. Sauce mit Salz und Pfeffer abschmecken. Wirsingrouladen mit Couscous und Sauce servieren.

Kartoffel-Karotten-Topf

mit Tatar

7 SmartPoints Wert

Für 4 Personen
Fertig in: 30 Min.
Davon aktiv: 20 Min.
Familie | Schnell | To Go
362 kcal | 1517 kJ

1 Bund Frühlingszwiebeln
800 g mehligkochende Kartoffeln
2 TL Rapsöl
400 g Tatar
100 ml Wasser
1 EL Tomatenmark
Salz, Pfeffer
1 Prise Paprikapulver
1 kg Karottenscheiben (TK)
750 ml Gemüsebrühe (3 1/2 TL Instantpulver)
1 EL gehackte Petersilie

1. Frühlingszwiebeln waschen und in Ringe schneiden. Kartoffeln schälen und würfeln. Öl in einem Topf auf mittlerer Stufe erhitzen und Tatar darin krümelig anbraten. Frühlingszwiebelringe zugeben, ca. 2 Minuten mitbraten, mit Wasser ablöschen, Tomatenmark zufügen und mit Salz, Pfeffer und Paprikapulver würzen. Tatarmischung herausnehmen und zur Seite stellen.

2. Kartoffelwürfel mit Karottenscheiben in Brühe ca. 15 Minuten garen, abgießen, dabei 50 ml Brühe auffangen. Kartoffelwürfel mit Karottenscheiben in Brühe leicht zerdrücken. Tatarmischung mit Petersilie unterrühren, mit Salz und Pfeffer würzen und Kartoffel-Karotten-Topf mit Tatar servieren.

Klößchensuppe

mit Lauch

2 SmartPoints Wert

Für 4 Personen
Fertig in: 40 Min.
Davon aktiv: 20 Min.
To Go | Einfrieren
246 kcal | 1029 kJ

- 2 Stangen Lauch (ca. 500 g)
- 800 g Karotten
- 600 g Knollensellerie
- 200 g Tatar
- 20 g Weight Watchers Delikatess Leberwurst
- 1 Ei (Größe M)
- 2 EL Paniermehl
- je 1 EL gehackte Petersilie und Schnittlauchringe
- Salz, Pfeffer
- 2 Liter Gemüsebrühe (3 EL Instantpulver)

1. Lauch waschen und in Ringe schneiden, Karotten und Sellerie schälen und würfeln. Tatar mit Leberwurst, Ei, Paniermehl, Petersilie, Schnittlauch, Salz und Pfeffer verkneten. Masse mit feuchten Händen zu 8 kleinen Klößchen formen.

2. Brühe mit Lauchringen, Karotten- und Selleriewürfeln in einem Topf aufkochen und mit Deckel auf mittlerer Stufe ca. 10 Minuten köcheln lassen. Klößchen hinzugeben, auf niedriger Stufe weitere ca. 10 Minuten gar ziehen lassen und Klößchensuppe servieren.

Mangold-Pasta
mit Cream Cheese

10 SmartPoints Wert

Für 2 Personen
Fertig in: 35 Min.
Davon aktiv: 20 Min.
Familie | To Go
484 kcal | 2025 kJ

1 rote Zwiebel
500 g Mangold
1 TL Rapsöl
200 g Tatar
100 g trockene Kritharaki
50 ml trockener Weißwein
500 ml Gemüsebrühe
(2 TL Instantpulver)
100 g Frischkäse,
bis 1 % Fett absolut
Salz, Pfeffer
30 g Parmesanhobel

1. Zwiebel schälen und würfeln. Mangold waschen, trocken schleudern und weiße Stiele von den Blättern schneiden. Blätter in breite und Stiele in feine Streifen schneiden. Öl in einem Topf auf mittlerer bis hoher Stufe erhitzen und Tatar darin krümelig anbraten. Zwiebelwürfel und Mangoldstreifen zufügen und kurz mitdünsten.

2. Nudeln unterrühren, mit Wein und Brühe ablöschen und auf mittlerer Stufe 12–15 Minuten garen. Mit Frischkäse verfeinern, mit Salz und Pfeffer würzen und mit Parmesan bestreuen. Mangold-Pasta mit Cream Cheese servieren.

Die besten Pfannen-, Wok- & Grillgerichte

Cheeseburger

mit würziger Tomatencreme

9 SmartPoints Wert

Für 4 Personen
Fertig in: 35 Min.
Davon aktiv: 20 Min.
Familie
376 kcal | 1574 kJ

- 1 EL Tomatenmark
- 1 TL Senf
- 2 EL Wasser
- einige Tropfen Worcestersauce
- Salz, Pfeffer
- 1/4 Salatgurke
- 1 Tomate
- 4 Blätter Kopfsalat
- 500 g Tatar
- 4 Scheiben Gouda, 30 % Fett i. Tr.
- 4 kleine Hamburger-Brötchen

1. Für die Creme Tomatenmark mit Senf, Wasser, Worcestersauce, Salz und Pfeffer verrühren. Gurke mit Tomate waschen und beides in Scheiben schneiden. Salat waschen und trocken schütteln. Tatar mit Salz und Pfeffer würzen und zu 4 Patties formen.

2. Patties auf dem Rost 8–10 Minuten von jeder Seite grillen, dabei nach dem Wenden mit Käse belegen und schmelzen lassen. Brötchen auf dem Rost ca. 2 Minuten von jeder Seite grillen, aufschneiden und mit Tomatencreme bestreichen. Untere Brötchenhälften mit Salat, Patties, Gurken- und Tomatenscheiben belegen, mit oberen Brötchenhälften abdecken und Cheeseburger servieren.

Mini-Kräuterfrikadellen

mit Paprikacreme

6 SmartPoints Wert

Für 2 Personen
Fertig in: 20 Min.
Davon aktiv: 20 Min.
Familie | Schnell | To Go
359 kcal | 1504 kJ

1 Scheibe Pumpernickel
1 kleine rote Zwiebel
250 g Tatar
1 TL Senf
1 TL Backpulver
1 TL gehackter Rosmarin
1 TL gehackter Thymian
1 TL gehackter Oregano
Salz, Pfeffer
3 TL Olivenöl
100 g Tomatenpaprika-
streifen (Glas)
1 EL Tomatenmark
50 g Frischkäse,
bis 1 % Fett absolut
1/2 TL Paprikapulver
1 EL dunkler Balsamicoessig
1 TL Limettensaft
einige Blätter Basilikum
500 g Tomaten

1. Pumpernickel zerbröseln. Zwiebel schälen, fein würfeln, mit Tatar, Pumpernickelbröseln, Senf, Backpulver, Rosmarin, Thymian und Oregano verkneten und mit Salz und Pfeffer würzen. Aus der Masse 10 kleine Frikadellen formen. 2 TL Öl in einer Pfanne auf mittlerer Stufe erhitzen und Frikadellen darin 12–15 Minuten rundherum braten.

2. Für die Creme Tomatenpaprikastreifen mit Tomatenmark und Frischkäse pürieren und mit Salz, Pfeffer und Paprikapulver würzen. Für das Dressing restliches Öl, Essig, Limettensaft, Salz und Pfeffer verrühren. Basilikum waschen und trocken schütteln. Tomaten waschen, halbieren, in Scheiben schneiden und mit Basilikum und Dressing vermischen. Mini-Kräuterfrikadellen mit Paprikacreme und Tomatensalat servieren.

Mie-Wok mit Hackfleisch

10 SmartPoints Wert

Für 2 Personen
Fertig in: 45 Min.
Davon aktiv: 30 Min.
Familie
575 kcal | 2406 kJ

2 Karotten
1 Zucchini
1 rote Paprika
1 Frühlingszwiebel
4 Stängel Koriander
50 g Mungobohnensprossen
1/2 Limette
1 Knoblauchzehe
1 Stück Ingwer (ca. 2 cm)
1 TL Sesamöl
400 g Tatar
120 g trockene Mie-Nudeln
Salz, Pfeffer
100 ml Wasser
2–3 TL Fischsauce

1. Karotten schälen und in dünne Stifte schneiden. Zucchini, Paprika und Frühlingszwiebel waschen. Paprika entkernen und mit Zucchini in schmale Streifen schneiden. Frühlingszwiebel in Ringe schneiden. Koriander waschen, trocken schütteln und hacken. Mungobohnensprossen waschen und abtropfen lassen. Limettenhälfte auspressen. Knoblauch pressen, Ingwer schälen und reiben.

2. Öl in einem Wok auf hoher Stufe erhitzen und Tatar mit Ingwer und Knoblauch darin krümelig anbraten. Zucchini- und Paprikastreifen dazugeben und 5–6 Minuten mitbraten.

3. Nudeln nach Packungsanweisung in Salzwasser garen und abgießen. Frühlingszwiebelringe, Karottenstifte, Mungobohnensprossen, Koriander, Wasser und Nudeln unter das Gemüse heben und 2–3 Minuten erwärmen. Mie-Wok mit Limettensaft verfeinern, mit Fischsauce, Salz und Pfeffer abschmecken und servieren.

Gemüse-Tatar-Curry

mit Reis

9 SmartPoints Wert

Für 2 Personen
Fertig in: 35 Min.
Davon aktiv: 20 Min.
Familie | Einfrieren
408 kcal | 1709 kJ

80 g trockener Basmatireis
Salz, Pfeffer
1/2 Zwiebel
250 g Karotten
1 kleine Knoblauchzehe
1 Glas weißer Spargel
(205 g Abtropfgewicht)
1 TL Olivenöl
200 g Tatar
1/2 TL Chilipulver
1 TL gelbe Curry-Würzpaste
200 ml Gemüsebrühe
(1 TL Instantpulver)
40 ml Kokosmilch
1 Prise Zimt
1/2 TL Zitronensaft
1 EL Kokosraspel
1 TL gehackter Koriander

1. Reis nach Packungsanweisung in Salzwasser garen. Zwiebel und Karotten schälen und in Würfel schneiden, Knoblauch pressen, Spargel abtropfen lassen und in ca. 5 cm große Stücke schneiden.

2. Öl in einem Wok auf mittlerer bis hoher Stufe erhitzen und Tatar mit Zwiebelwürfeln und Knoblauch darin krümelig anbraten. Mit Salz, Pfeffer und Chilipulver würzen, Currypaste zufügen und mit Brühe ablöschen. Karottenwürfel zugeben und ca. 15 Minuten köcheln lassen. Spargelstücke ca. 5 Minuten vor Ende der Garzeit zugeben und mitgaren.

3. Curry mit Kokosmilch, Zimt und Zitronensaft verfeinern. Kokosraspel fettfrei in einer Pfanne auf mittlerer Stufe 2–3 Minuten rösten. Gemüse-Tatar-Curry mit Salz, Pfeffer und Koriander würzen, mit Kokosraspeln bestreuen und mit Reis servieren.

Köttbullar mit Rahmsauce

und Preiselbeerrotkohl

10 SmartPoints Wert

Für 2 Personen
Fertig in: 40 Min.
Davon aktiv: 30 Min.
Familie
468 kcal | 1960 kJ

- 200 g Tatar
- 1 Ei (Größe M)
- 1 EL Paniermehl
- Salz, Pfeffer
- 400 g festkochende Kartoffeln
- 500 g Rotkohl (TK)
- 50 ml Wasser
- 2 TL Rapsöl
- 2 EL Sojacreme, 17 % Fett
- 250 ml Gemüsebrühe (1 TL Instantpulver)
- 1 EL Preiselbeeren (Konserve)
- 2 TL gehackte Petersilie

1. Tatar mit Ei und Paniermehl vermischen, mit Salz und Pfeffer würzen und zu 8 Bällchen formen. Kartoffeln schälen, in Stücke schneiden und in Salzwasser ca. 20 Minuten garen.

2. Rotkohl in einem Topf mit Wasser erhitzen, mit Salz und Pfeffer würzen und auf mittlerer Stufe mit Deckel 15–20 Minuten garen. Öl in einer Pfanne auf mittlerer bis hoher Stufe erhitzen, Hackbällchen darin 4–5 Minuten rundherum anbraten und herausnehmen. Bratensatz mit Sojacreme und Brühe ablöschen, Hackbällchen dazugeben und auf niedriger bis mittlerer Stufe 10–15 Minuten gar ziehen lassen.

3. Kartoffeln abgießen. Preiselbeeren im Rotkohl verrühren und mit Salz und Pfeffer abschmecken. Rahmsauce mit Salz und Pfeffer abschmecken. Köttbullar in Rahmsauce mit Petersilie bestreuen und mit Salzkartoffeln und Preiselbeerrotkohl servieren.

Nudeln

mit Fleischklößchen

11 SmartPoints Wert

Für 4 Personen
Fertig in: 35 Min.
Davon aktiv: 20 Min.
Familie | Einfrieren
467 kcal | 1953 kJ

1 rote Paprika
185 g entsteinte schwarze Oliven in Lake
1 unbehandelte Zitrone
2 TL getrockneter Oregano
Salz, Pfeffer
400 g Tatar
2 TL Olivenöl
500 g passierte Tomaten mit Kräutern (Konserve)
2 EL Wasser
2 EL Tomatenmark
400 g Spaghetti (Frischprodukt)
8 Blätter Basilikum

1. Für die Sauce Paprika waschen, entkernen und in Streifen schneiden. Oliven abtropfen lassen und in Scheiben schneiden. Zitronenschale abreiben, mit Oregano, Salz, Pfeffer und Tatar in einer Schüssel vermischen und 16 kleine Fleischklößchen formen.

2. 1 TL Öl in einer Pfanne auf mittlerer bis hoher Stufe erhitzen, Klößchen darin ca. 10 Minuten rundherum braten und herausnehmen. Restliches Öl im Bratensatz auf mittlerer Stufe erhitzen, Paprikastreifen darin ca. 5 Minuten braten und mit Tomaten und Wasser ablöschen. Olivenscheiben und Tomatenmark unterrühren, mit Salz und Pfeffer abschmecken und ca. 2 Minuten köcheln lassen.

3. Fleischklößchen zur Sauce geben und erwärmen. Nudeln in Salzwasser nach Packungsanweisung garen und abgießen. Basilikum waschen und trocken schütteln. Nudeln mit Fleischklößchen und Sauce anrichten und mit Basilikum garniert servieren.

Für's Büro oder ein fixes Abendessen: Die Lasagne Bolognese hat nur 8 SmartPoints.

Pikante Paprika-Pfanne

mit Risoni und Kräuterpistou

9 SmartPoints Wert

Für 2 Personen
Fertig in: 30 Min.
Davon aktiv: 15 Min.
Schnell | Einfrieren
499 kcal | 2090 kJ

1 kleine rote Paprika
1 kleine Zwiebel
1 kleine Chilischote
1 TL Rapsöl
300 g Tatar
1 Prise Paprikapulver
400 g passierte Tomaten (Konserve)
1 EL dunkler Balsamicoessig
110 g trockene Risoni
Salz, Pfeffer
4 Stängel Basilikum
2 Stängel Petersilie
1 unbehandelte Zitrone
4 EL Wasser
1 Prise Zucker

1. Paprika waschen, entkernen und in Würfel schneiden. Zwiebel schälen und in Würfel schneiden. Chilischote waschen, entkernen und fein hacken. Öl in einer Pfanne auf hoher Stufe erhitzen und Tatar darin krümelig anbraten. Paprika-, Zwiebelwürfel, Chili und Paprikapulver dazugeben und ca. 3 Minuten mitbraten. Mit Tomaten und Essig ablöschen und auf mittlerer Stufe ca. 15 Minuten köcheln lassen.

2. Nudeln nach Packungsanweisung in Salzwasser garen. Für das Pistou Basilikum und Petersilie waschen, trocken schütteln und fein hacken. Zitronenschale abreiben und Zitronensaft auspressen. Wasser mit Kräutern, Zitronenschale und 1 TL Zitronensaft pürieren und mit Salz, Pfeffer und restlichem Zitronensaft abschmecken.

3. Nudeln abgießen, unter die Paprika-Hack-Pfanne mischen und mit Salz, Pfeffer und Zucker würzen. Paprika-Pfanne mit Kräuterpistou garniert servieren.

Gegrillte Köfte

mit Joghurtdip

5 SmartPoints Wert

Für 4 Personen
Fertig in: 25 Min.
Davon aktiv: 10 Min.
Schnell | To Go | Low Carb
335 kcal | 1403 kJ

4 Stängel glatte Petersilie
1 Knoblauchzehe
800 g Tatar
1 Ei (Größe M)
1 EL Paniermehl
1 EL Tomatenmark
1 TL geräuchertes Paprikapulver
1 TL Kreuzkümmel
1 TL Kurkuma
1 TL Chiliflocken
Salz, Pfeffer
100 g Schafskäse, 25 % Fett i. Tr.
150 g Magermilchjoghurt
1 TL Limettensaft

1. Petersilie waschen, trocken schütteln und hacken. Knoblauch pressen. Tatar mit Petersilie, Knoblauch, Ei, Paniermehl, Tomatenmark, Paprikapulver, Kreuzkümmel, Kurkuma, Chiliflocken, Salz und Pfeffer vermengen und zu 12 kleinen ovalen Frikadellen formen.

2. Für den Dip Schafskäse zerbröseln, mit Joghurt und Limettensaft verrühren und mit Salz und Pfeffer würzen. Köfte auf dem Rost 10–12 Minuten von jeder Seite grillen und mit Joghurtdip servieren.

Gut zu wissen

Röste 4 Pitataschen auf dem Grill und fülle diese mit 1 Salatgurke in Würfeln, 1/2 Kopf Eisbergsalat in Streifen, gegrillten Köfte und Joghurtdip. Die SmartPoints pro Person erhöhen sich auf 9.

Reis-Wirsing-Pfanne

10 SmartPoints Wert

Für 4 Personen
Fertig in: 55 Min.
Davon aktiv: 30 Min.
501 kcal | 2096 kJ

400 g braune Champignons
1 Zwiebel
1 Wirsing (ca. 800 g)
2 TL Olivenöl
500 g Tatar
280 g trockener Naturreis
Salz, Pfeffer
1 TL Paprikapulver
1 Prise gemahlener Kümmel
250 ml Gemüsebrühe (1 TL)

1. Champignons trocken abreiben und vierteln. Zwiebel schälen und würfeln. Wirsing putzen, vierteln, den Strunk entfernen und Wirsing in Streifen schneiden. Öl in einer Pfanne auf mittlerer bis hoher Stufe erhitzen und Tatar darin krümelig anbraten. Zwiebelwürfel, Champignonviertel und Wirsingstreifen zugeben und ca. 5 Minuten mitbraten.

2. Reis nach Packungsanweisung in Salzwasser garen. Gemüse-Tatar-Mischung mit Salz, Pfeffer, Paprikapulver und Kümmel würzen, mit Brühe ablöschen und mit Deckel ca. 25 Minuten garen. Reis unterheben, mit Salz und Pfeffer abschmecken und Reis-Wirsing-Pfanne nach Wunsch mit Kerbel garniert servieren.

Chinakohlpfanne

9 SmartPoints Wert

Für 2 Personen
Fertig in: 20 Min.
Davon aktiv: 20 Min.
Schnell | Einfrieren
455 kcal | 1905 kJ

2 Zwiebeln
1 Chinakohl (ca. 900 g)
120 g trockener Zartweizen
500 ml Gemüsebrühe (2 TL)
1 TL Paprikapulver
1 TL Rapsöl
200 g Tatar
3 EL Frischkäse, bis 1 % Fett absolut
Salz, Pfeffer

1. Zwiebeln schälen und in Würfel schneiden. Chinakohl waschen, Boden samt Strunk entfernen und Kohl in Streifen schneiden. Zartweizen mit 400 ml Brühe und Paprikapulver 8–10 Minuten garen.

2. Öl in einer Pfanne auf mittlerer bis hoher Stufe erhitzen und Tatar darin krümelig anbraten. Zwiebelwürfel und Chinakohlstreifen zugeben und kurz mitbraten. Mit restlicher Brühe ablöschen und kurz köcheln lassen. Zartweizen abgießen. Chinakohlpfanne mit Frischkäse verfeinern, mit Salz, Pfeffer, 1 Prise geriebene Muskatnuss und 1/2 TL gehackter Thymian würzen und mit Zartweizen servieren.

Penne al ragù

mit gerösteten Tomaten

8 SmartPoints Wert

Für 6 Personen
Fertig in: 70 Min.
Davon aktiv: 20 Min.
Familie | Einfrieren
375 kcal | 1571 kJ

650 g Cocktailtomaten
4 Zweige Rosmarin
2 TL Olivenöl
Salz, Pfeffer
1 Zwiebel
2 Stangen Staudensellerie
1 Aubergine
1 EL Wasser
500 g Tatar
1 EL Tomatenmark
360 g trockene Vollkornnudeln
3 Stängel glatte Petersilie
25 g geriebener Parmesan

1. Backofen auf 160° C (Gas: Stufe 1, Umluft: 140° C) vorheizen. Tomaten waschen und auf einem mit Backpapier ausgelegten Backblech verteilen. Rosmarin waschen, trocken schütteln, auf die Tomaten legen, mit 1 TL Öl beträufeln und mit Salz und Pfeffer würzen. Im Backofen auf mittlerer Schiene ca. 40 Minuten rösten.

2. Zwiebel schälen, Sellerie und Aubergine waschen und alles fein würfeln. Restliches Öl in einer Pfanne auf mittlerer Stufe erhitzen und Zwiebel-, Sellerie- und Auberginenwürfel darin ca. 5 Minuten unter Rühren anbraten. Wasser dazugeben und mit Deckel 10–15 Minuten garen.

3. Tatar dazugeben und auf hoher Stufe ca. 10 Minuten krümelig braten. Tomatenmark und geröstete Tomaten untermischen und weitere ca. 10 Minuten garen.

4. Nudeln nach Packungsanweisung in Salzwasser garen, abgießen und mit Fleischsauce vermischen. Petersilie waschen, trocken schütteln und klein hacken. Penne al ragù mit Petersilie und Parmesan bestreut servieren.

Fixe Pfanne

mit Blumenkohl und Tatar

4 SmartPoints Wert

Für 1 Person
Fertig in: 20 Min.
Davon aktiv: 10 Min.
Schnell | Low Carb | Einfrieren
321 kcal | 1343 kJ

200 g Blumenkohl
300 ml Gemüsebrühe
(1 1/2 TL Instantpulver)
1 kleine Zwiebel
1 Zucchini
5 Cocktailtomaten
1 TL Rapsöl
100 g Tatar
Salz, Pfeffer
3 EL Frischkäse,
bis 1 % Fett absolut
1 EL Weißweinessig

1. Blumenkohl waschen, in Röschen teilen, in Brühe ca. 6 Minuten garen und abgießen. Zwiebel schälen und in Würfel schneiden. Zucchini waschen, längs halbieren und in Scheiben schneiden. Tomaten waschen und vierteln. Öl in einer Pfanne auf mittlerer Stufe erhitzen und Zwiebelwürfel darin anbraten.

2. Tatar hinzufügen, 3–5 Minuten mitbraten und mit Salz und Pfeffer würzen. Zucchinischeiben, Tomatenviertel und Blumenkohlröschen dazugeben und ca. 5 Minuten dünsten. Mit Frischkäse und Essig verfeinern, mit Salz und Pfeffer würzen und fixe Pfanne mit Blumenkohl und Tatar servieren.

Burger mit Kartoffel-Buns

9 SmartPoints Wert

Für 4 Personen
Fertig in: 2 Std. 50 Min.
Davon aktiv: 80 Min.
Familie | Low Carb | Einfrieren
421 kcal | 1760 kJ

30 g Hefe
1 TL Zucker
50 ml lauwarme entrahmte Milch
220 g Mehl
300 g mehligkochende Kartoffeln
Salz, Pfeffer
1 Eigelb (Größe M)
1 Zwiebel
3 Tomaten
2 Gewürzgurken
350 g Tatar
1 EL gehackte Petersilie
1 TL Rapsöl
4 Blätter Kopfsalat
4 TL Senf
2 EL kalorienreduzierter Ketchup

Buns sind weiche Brötchen, die sich optimal als Burger Brötchen eignen.

1. Für die Buns Hefe zerbröseln und mit Zucker in Milch auflösen. 200 g Mehl in eine Schüssel geben, in die Mitte eine Vertiefung drücken und Hefemilch hineingießen. Mit etwas Mehl verrühren und Vorteig an einem warmen Ort zugedeckt ca. 30 Minuten gehen lassen.

2. Kartoffeln schälen, in Würfel schneiden und in Salzwasser 20–25 Minuten garen. Kartoffeln abgießen, pürieren und mit Eigelb und 1/2 TL Salz zum Vorteig geben. Kartoffelmasse mit Hefeteig zu einem glatten Teig verkneten und weitere ca. 10 Minuten gehen lassen. Restliches Mehl auf der Arbeitsfläche verteilen, Teig darauf erneut durchkneten, in 4 Teile teilen und zu Buns formen. Backofen auf 180° C vorheizen.

3. Buns auf ein mit Backpapier ausgelegtes Backblech legen und weitere ca. 10 Minuten gehen lassen. Buns im Backofen auf mittlerer Schiene ca. 40 Minuten backen, herausnehmen und ca. 20 Minuten abkühlen lassen. Zwiebel schälen und würfeln. Tomaten waschen und mit Gewürzgurken in Scheiben schneiden. Tatar mit Zwiebelwürfeln und Petersilie verkneten, mit Salz und Pfeffer würzen und zu 4 Patties formen. Öl in einer Pfanne auf mittlerer Stufe erhitzen und Patties darin 3–4 Minuten von jeder Seite braten.

4. Salatblätter waschen und trocken schütteln. Buns aufschneiden. Patties mit Senf und Ketchup bestreichen, untere Hälften mit Patties, Salat, Tomaten- und Gurkenscheiben belegen und mit oberen Hälften abdecken. Servieren.

Lammfrikadellen

mit Zaziki

6 SmartPoints Wert

Für 2 Personen
Fertig in: 15 Min.
Davon aktiv: 10 Min.
Schnell | Low Carb | Einfrieren
318 kcal | 1332 kJ

2 Knoblauchzehen
1/2 kleine Zwiebel
250 g Lammhackfleisch (aus Lammfilet)
75 g Kichererbsen (Konserve)
1/2 EL Harissa-Würzpaste
1–2 EL gehackte glatte Petersilie
Salz, Pfeffer
1/2 Salatgurke
150 g Magerquark
1 EL saure Sahne
2 TL Olivenöl
1 kleine Handvoll gemischte Kräuter

1. Knoblauch pressen, Zwiebel schälen, reiben und mit der Hälfte vom Knoblauch unter das Hackfleisch mischen. Kichererbsen abspülen und abtropfen lassen. Harissapaste, Kichererbsen und Petersilie zum Hackfleisch geben, mit Salz und Pfeffer würzen, gut vermischen und 6 Frikadellen formen.

2. Für den Zaziki Gurke waschen, raspeln, in ein Küchentuch geben und überschüssige Flüssigkeit ausdrücken. Gurkenraspel mit Quark, restlichem Knoblauch und saurer Sahne verrühren und mit Salz und Pfeffer würzen.

3. Öl in einer Pfanne auf mittlerer bis hoher Stufe erhitzen und Frikadellen darin 2–3 Minuten von jeder Seite braten. Kräuter waschen und trocken schütteln. Frikadellen mit Kräutern und Zaziki servieren.

Dazu passt

1 Spitzkohl in Streifen geschnitten, in 1 TL Rapsöl angebraten. Mit Salz, Pfeffer und 1 Msp. geriebene Muskatnuss würzen, mit 50 ml Brühe (1/4 TL Instantpulver) ablöschen und ca. 10 Minuten köcheln lassen. Die SmartPoints ändern sich nicht.

Curry-Geflügelhack-Pfanne

mit Koriander

6 SmartPoints Wert

Für 4 Personen
Fertig in: 45 Min.
Davon aktiv: 15 Min.
Einfrieren
354 kcal | 1480 kJ

200 g Cocktailtomaten
1 Zwiebel
2 TL Olivenöl
450 g Geflügelhackfleisch (aus Geflügelbrustfilet)
125 g trockener Naturreis
Salz, Pfeffer
1 Stück Ingwer (ca. 3 cm)
3 Knoblauchzehen
2 TL Kreuzkümmel
2 EL Korma-Curry-Würzpaste
200 g Erbsen (TK)
200 ml Geflügelbrühe (1 TL Instantpulver)
6 Stängel Koriander
150 g fettarmer Joghurt

1. Tomaten waschen und halbieren. Zwiebel schälen und würfeln. 1 TL Öl in einer Pfanne auf mittlerer Stufe erhitzen, Hackfleisch darin ca. 10 Minuten krümelig anbraten und aus der Pfanne nehmen.

2. Reis nach Packungsanweisung in Salzwasser garen. Restliches Öl in der Pfanne erhitzen und Zwiebelwürfel darin ca. 5 Minuten anbraten. Ingwer schälen, mit Knoblauch fein hacken, mit Kreuzkümmel zu den Zwiebelwürfeln geben und ca. 3 Minuten mitbraten. Currypaste unterrühren und weitere ca. 2 Minuten braten.

3. Hackfleisch mit Erbsen, Brühe und Tomatenhälften in die Pfanne geben. Aufkochen und ca. 10 Minuten garen. Koriander waschen, trocken schütteln und hacken. Curry-Geflügelhack-Pfanne mit Salz und Pfeffer abschmecken. Koriander dazugeben und Hackfleischpfanne mit Reis und Joghurt servieren.

Korma-Curry-Würzpaste ist recht mild und enthält meistens Kokosmilch. Für mehr Schärfe gib einfach 1 Spritzer Chilisauce dazu.

Lauchfrikadellen

mit Blumenkohl-Karotten-Stampf

6 SmartPoints Wert

Für 4 Personen
Fertig in: 60 Min.
Davon aktiv: 50 Min.
To Go
474 kcal | 1986 kJ

2 Zwiebeln
1 kleine Stange Lauch
400 g grüne Bohnen
500 g Blumenkohl
500 g Karotten
Salz, Pfeffer
800 g Tatar
4 EL Paniermehl
1 Ei (Größe M)
1 TL Senf
1 EL Paprikapulver
2 EL Worcestersauce
3 TL Rapsöl
100 ml fettarme Milch
2 Prisen geriebene Muskatnuss
2 EL gehackte Petersilie
100 g magere Schinkenwürfel
1 TL gehacktes Bohnenkraut

1. Zwiebeln schälen und würfeln. Lauch waschen und hacken. Bohnen und Blumenkohl waschen und Blumenkohl in Röschen teilen. Karotten schälen und in Stücke schneiden. Blumenkohlröschen und Karottenstücke in Salzwasser ca. 20 Minuten garen.

2. Tatar mit Paniermehl, Ei, Senf, Zwiebelwürfeln, Lauch, Salz, Pfeffer, Paprikapulver und Worcestersauce verkneten. Aus der Masse 8 Frikadellen formen. 2 TL Öl in einer Pfanne auf hoher Stufe erhitzen und Frikadellen darin 5–8 Minuten von jeder Seite braten.

3. Bohnen in Salzwasser ca. 5 Minuten blanchieren. Blumenkohlröschen und Karottenstücke abgießen, mit Milch grob zerstampfen, mit Muskatnuss und Petersilie verfeinern und mit Salz und Pfeffer abschmecken.

4. Bohnen abgießen, Schinkenwürfel im Topf auf mittlerer Stufe ca. 2 Minuten anbraten, Bohnen darin schwenken, mit Salz und Pfeffer würzen und mit Bohnenkraut verfeinern. Lauchfrikadellen mit Blumenkohl-Karotten-Stampf und Bohnen servieren.

Geflügelhackbällchen

nach thailändischer Art

6 SmartPoints Wert

Für 4 Personen
Fertig in: 25 Min.
Davon aktiv: 10 Min.
Schnell | To Go
390 kcal | 1631 kJ

1 Stängel Zitronengras
1 Kaffir-Limettenblatt
1 unbehandelte Limette
1 Stück Ingwer (ca. 2 cm)
1 kleine rote Chilischote
500 g Geflügelhackfleisch (aus Geflügelbrustfilet)
1 TL Fischsauce
2 TL Olivenöl
175 g trockene Reisnudeln
Salz, Pfeffer
200 g Zuckererbsenschoten
300 g Asiagemüse (TK)
1 Stängel Minze
1 Stängel Koriander
2 EL Sojasauce

1. Zitronengras und Limettenblatt waschen und sehr fein hacken. Limettenschale abreiben und Limette auspressen. Ingwer schälen und fein reiben, Chilischote waschen, entkernen und in feine Würfel schneiden.

2. Hackfleisch mit Zitronengras, Limettenblatt und -schale, Ingwer, Chiliwürfeln und Fischsauce vermischen. Aus der Masse 8 Bällchen formen und etwas flach drücken. 1 TL Öl in einer Pfanne auf mittlerer bis hoher Stufe erhitzen und Hackbällchen darin ca. 5 Minuten von jeder Seite braten, herausnehmen und warm stellen. Nudeln nach Packungsanweisung in Salzwasser garen.

3. Zuckererbsenschoten waschen. Restliches Öl in der Pfanne auf mittlerer Stufe erhitzen und Asiagemüse mit Zuckererbsenschoten darin 2–3 Minuten unter Rühren anbraten. Minze und Koriander waschen, trocken schütteln und hacken. Nudeln abgießen. Limettensaft, Kräuter und Sojasauce vermischen und unter die Nudeln heben. Geflügelhackbällchen nach thailändischer Art mit Gemüse und Nudeln servieren.

Du kannst das Geflügelhackfleisch auch durch 400 g Tatar ersetzen. Die SmartPoints erhöhen sich auf 7.

Asiatischer Geflügelwok

6 SmartPoints Wert

Für 4 Personen
Fertig in: 30 Min.
Davon aktiv: 30 Min.
Schnell | Einfrieren
380 kcal | 1588 kJ

1 Zwiebel
1 kleiner Chinakohl (ca. 300 g)
3 grüne Paprika
1 Stängel Zitronengras
1 Dose Bambussprossen (175 g Abtropfgewicht)
2 TL Olivenöl
400 g Geflügelhackfleisch (aus Geflügelbrustfilet)
Salz, Pfeffer
200 ml Gemüsebrühe (1 TL Instantpulver)
200 g trockene Kritharaki
1 EL Zitronensaft
1 TL Paprikapulver
1 EL gehackte glatte Petersilie

1. Zwiebel schälen, Chinakohl waschen und Boden samt Strunk entfernen, Paprika waschen, entkernen und alles in Streifen schneiden. Zitronengras waschen und fein hacken. Bambussprossen abtropfen lassen.

2. Öl in einer Pfanne oder einem Wok auf mittlerer bis hoher Stufe erhitzen und Hackfleisch darin krümelig anbraten. Zwiebel- und Paprikastreifen zugeben und ca. 3 Minuten mitbraten. Zitronengras untermischen, salzen, pfeffern, mit Brühe ablöschen und ca. 5 Minuten köcheln lassen. Kritharaki nach Packungsanweisung in Salzwasser garen.

3. Chinakohlstreifen und Bambussprossen unter die Hackfleisch-Gemüse-Mischung heben und weitere ca. 3 Minuten garen. Kritharaki abgießen und unterheben. Asiatischen Geflügelwok mit Salz, Pfeffer, Zitronensaft und Paprikapulver abschmecken, mit Petersilie bestreuen und servieren.

Würzige Hackpfanne

mit Schwarzwurzeln

8 SmartPoints Wert

Für 2 Personen
Fertig in: 35 Min.
Davon aktiv: 20 Min.
Low Carb
623 kcal | 2606 kJ

1 Zwiebel
200 g Petersilienwurzeln
300 g Schwarzwurzeln
3 TL Rapsöl
500 g Tatar
150 ml Gemüsebrühe
(1/2 TL Instantpulver)
400 g stückige Tomaten
(Konserve)
200 g Magerquark
75 ml entrahmte Milch
2 TL gehackter Thymian
Salz, Pfeffer
1/2 Dose Mais
(140 g Abtropfgewicht)
2 Prisen geriebene
Muskatnuss

1. Zwiebel schälen und würfeln. Petersilien- und Schwarzwurzeln schälen und würfeln. Öl in einer Pfanne auf mittlerer Stufe erhitzen, Tatar darin krümelig anbraten, Zwiebel-, Petersilien- und Schwarzwurzelwürfel zufügen und weitere 5 Minuten mitbraten. Mit Brühe und Tomaten ablöschen und ca. 15 Minuten köcheln lassen.

2. Für den Dip Quark mit Milch und Thymian verrühren und mit Salz und Pfeffer abschmecken.

3. Mais abtropfen lassen, unter das Gemüse geben und ca. 3 Minuten erwärmen. Hackpfanne mit Muskatnuss verfeinern, mit Salz und Pfeffer abschmecken und mit Dip servieren.

Schwarzwurzeln hinterlassen klebrige Flecken auf der Haut, trage daher beim Schälen unbedingt Handschuhe.

Heißes aus dem Ofen

Moussaka mit Lamm

6 SmartPoints Wert

Für 4 Personen
Fertig in: 80 Min.
Davon aktiv: 25 Min.
Low Carb | Einfrieren
322 kcal | 1348 kJ

- 1 Zwiebel
- 500 g Lammhackfleisch (aus Lammfilet)
- 1 Knoblauchzehe
- 400 g stückige Tomaten (Konserve)
- 1 EL Tomatenmark
- 1 TL Gemüsebrühe (Instantpulver)
- Salz, Pfeffer
- 2 Auberginen
- 2 TL Olivenöl
- 15 g Halbfettmargarine
- 1 EL Mehl
- 200 ml fettarme Milch
- 150 g fettarmer Joghurt
- 1 Ei (Größe M)
- 1 Stängel Petersilie
- 1 EL Parmesan

1. Zwiebel schälen und würfeln. Zwiebelwürfel und Hackfleisch fettfrei in einer Pfanne auf mittlerer Stufe ca. 5 Minuten anbraten. Knoblauch pressen und mit Tomaten, Tomatenmark und Instantpulver unterrühren, ca. 15 Minuten auf niedriger Stufe köcheln lassen und mit Salz und Pfeffer würzen.

2. Backofengrill vorheizen. Auberginen waschen, der Länge nach in dünne Scheiben schneiden und Scheiben beidseitig dünn mit Öl einpinseln. Auf ein Backblech legen und im Backofen auf mittlerer Schiene ca. 5 Minuten grillen, dabei einmal wenden.

3. Für die Béchamelsauce Margarine in einem Topf auf mittlerer Stufe schmelzen, Mehl einrühren und kurz anschwitzen. Unter Rühren mit Milch ablöschen, aufkochen, etwas abkühlen lassen und Joghurt und Ei unterrühren. Petersilie waschen, trocken schütteln, hacken, mit der Hälfte des Käses unter die Béchamelsauce rühren und mit Salz und Pfeffer würzen.

4. Backofen auf 190° C (Gas: Stufe 2, Umluft: 170° C) vorheizen. Abwechselnd Fleischmischung und Auberginenscheiben in eine Auflaufform (ca. 20 x 25 cm) schichten, Béchamelsauce darübergeben und mit restlichem Käse bestreuen. Moussaka im Backofen auf mittlerer Schiene ca. 40 Minuten garen und servieren.

Klassischer Hackbraten

mit Ei

8 SmartPoints Wert

Für 6 Personen
Fertig in: 85 Min.
Davon aktiv: 25 Min.
Familie
471 kcal | 1970 kJ

3 Eier (Größe M)
2 Zwiebeln
600 g Tatar
4 EL Paniermehl
3 EL Magerquark
1 EL Senf
3 EL gehackte Petersilie
Salz, Pfeffer
100 ml heißes Wasser
1,5 kg festkochende Kartoffeln
2 Romanesco
500 ml Gemüsebrühe (2 TL Instantpulver)
1 EL Tomatenmark
1 EL Speisestärke
100 ml Wasser
2 EL Crème légère

1. Eier in kochendem Wasser ca. 10 Minuten hart kochen, abschrecken und schälen. Backofen auf 180° C (Gas: Stufe 2, Umluft: 160° C) vorheizen.

2. Zwiebeln schälen, in Würfel schneiden und mit Tatar, Paniermehl, Quark, Senf und 2 EL Petersilie vermengen. Mit 1 TL Salz und Pfeffer würzen. Eier in die Mitte der Hackmasse geben und einen länglichen Kloß formen. Hackbraten in eine flache Auflaufform (ca. 20 x 30 cm) legen und im Backofen auf mittlerer Schiene ca. 40 Minuten garen, dabei regelmäßig mit heißem Wasser begießen.

3. Kartoffeln schälen und halbieren. Romanesco waschen und in kleine Röschen zerteilen. Kartoffeln ca. 20 Minuten und Romanescoröschen ca. 10 Minuten in Salzwasser garen, beides abgießen.

4. Hackbraten herausnehmen und in Alufolie wickeln. Bratensaft in einen Topf geben, mit Brühe auf 500 ml auffüllen und aufkochen. Tomatenmark und Speisestärke mit Wasser verrühren, zur Sauce geben und ca. 2 Minuten köcheln lassen. Mit Crème légère verfeinern und mit Salz und Pfeffer abschmecken. Hackbraten mit restlicher Petersilie bestreuen und mit Sauce, Romanesco und Kartoffeln servieren.

Gefüllte Zucchini

mit Tatar

7 SmartPoints Wert

Für 4 Personen
Fertig in: 40 Min.
Davon aktiv: 20 Min.
Familie
313 kcal | 1309 kJ

4 Zucchini (ca. 700 g)
3 TL Rapsöl
75 ml Gemüsebrühe
(1/4 TL Instantpulver)
400 g Tatar
2 Knoblauchzehen
1 EL getrockneter Salbei
100 ml trockener Rotwein
Salz, Pfeffer
2 Zweige Thymian
4 EL Paniermehl
25 g geriebener Käse,
30 % Fett i. Tr.
300 g festkochende
Kartoffeln

1. Backofen auf 200° C (Gas: Stufe 3, Umluft: 180° C) vorheizen. Zucchini waschen, jeweils der Länge nach halbieren und entkernen. Zucchinihälften mit der Schnittfläche nach oben in eine Auflaufform (ca. 25 x 30 cm) legen und mit 2 TL Öl bestreichen. 3 EL Brühe in die Auflaufform geben und mit Alufolie abdecken. Zucchini im Backofen auf mittlerer Schiene ca. 15 Minuten garen.

2. Restliches Öl in einer Pfanne auf mittlerer bis hoher Stufe erhitzen und Tatar darin ca. 5 Minuten anbraten. Knoblauch pressen, mit Salbei dazugeben und ca. 1 Minute garen. Mit Wein und restlicher Brühe ablöschen, zum Kochen bringen und auf niedriger Stufe ca. 10 Minuten garen. Tatar mit Salz und Pfeffer würzen.

3. Zucchini aus dem Ofen nehmen und mit der Tatarmasse füllen. Thymian waschen, trocken schütteln, hacken und mit Paniermehl und Käse mischen. Zucchini damit bestreuen und im Backofen auf mittlerer Schiene ca. 15 Minuten garen.

4. Kartoffeln schälen, halbieren und in Salzwasser ca. 15 Minuten garen. Kartoffeln abgießen, etwas zerdrücken und mit Salz und Pfeffer würzen. Gefüllte Zucchini mit Kartoffeln servieren.

Mediterrane Tatarpizza

mit Tomatensalat

7 SmartPoints Wert

Für 2 Personen
Fertig in: 30 Min.
Davon aktiv: 30 Min.
Schnell | Low Carb
564 kcal | 2362 kJ

1 rote Zwiebel
2 TL Kapern
500 g Tatar
1 Ei (Größe M)
Salz, Pfeffer
je 1 rote und gelbe Paprika
1/2 Kugel fettreduzierter Mozzarella
3 EL Tomatenmark
2 EL Wasser
2 EL gehackte italienische Kräuter
2 TL Senf
2–3 EL Weißweinessig
1 TL Rapsöl
300 g Tomaten
2 EL gehacktes Basilikum
2 TL Balsamicocreme

1. Backofen auf 220 °C (Gas: Stufe 4, Umluft: 200 °C) vorheizen. Zwiebel schälen, würfeln und 1 TL Zwiebelwürfel für den Salat beiseitestellen. Kapern hacken. Für den Boden Tatar mit Ei, Zwiebelwürfeln, Kapern, Salz und Pfeffer verkneten. Hackfleischmasse auf einem mit Backpapier ausgelegten Backblech rund ca. 1 cm dick verstreichen (Ø ca. 25 cm).

2. Für den Belag Paprika waschen, entkernen und in Streifen schneiden. Mozzarella trocken tupfen und in Würfel schneiden. Für die Sauce Tomatenmark mit Wasser und italienischen Kräutern verrühren und kräftig mit Salz und Pfeffer würzen. Hackfleischboden mit Tomatensauce bestreichen und mit Paprikastreifen und Mozzarellawürfeln belegen. Hackfleischpizza im Backofen auf mittlerer Schiene ca. 15 Minuten backen.

3. Für das Dressing Senf mit Essig und Öl verrühren. Tomaten waschen, in Spalten schneiden und mit Basilikum, restlichen Zwiebelwürfeln und Dressing vermischen. Salat mit Salz und Pfeffer abschmecken. Mediterrane Tatarpizza mit Balsamicocreme beträufeln und mit Tomatensalat servieren.

Kartoffel-Spinat-Kuchen

mit Tatar

4 SmartPoints Wert

Für 8 Stücke
Fertig in: 85 Min.
Davon aktiv: 60 Min.
Familie
203 kcal | 849 kJ

1 kg Blattspinat (TK)
1,2 kg mehligkochende Kartoffeln
Salz, Pfeffer
2 milde rote Peperoni
1 Zwiebel
1 TL Rapsöl
300 g Tatar
2 EL fettarme Milch
2 Eier (Größe M)
1 Msp. geriebene Muskatnuss

1. Spinat auftauen lassen. Kartoffeln schälen, vierteln und in Salzwasser ca. 15 Minuten garen. Peperoni waschen, entkernen und in Ringe schneiden. Zwiebel schälen und würfeln. Öl in einer Pfanne auf hoher Stufe erhitzen und Tatar darin krümelig anbraten. Mit Salz und Pfeffer würzen und herausnehmen.

2. Spinat mit Zwiebelwürfeln im Bratensatz ca. 10 Minuten dünsten, überschüssige Flüssigkeit ausdrücken und grob hacken. Backofen auf 200° C (Gas: Stufe 3, Umluft: 180° C) vorheizen.

3. Kartoffelstücke abgießen und mit Milch zerstampfen. Eier trennen und Eiklar mit Salz und Muskatnuss steif schlagen. Kartoffelmasse mit Eigelb, Spinat, Tatar und Peperoniringen vermischen und Eischnee unterheben.

4. Kartoffel-Spinat-Masse in einer mit Backpapier ausgelegten Springform (Ø 26 cm) verteilen und im Backofen auf mittlerer Schiene 20–25 Minuten backen. Kartoffel-Spinat-Kuchen servieren.

Bestreue den Kuchen zusätzlich mit 2 EL geriebenem Parmesan. Die SmartPoints ändern sich nicht.

Tatarauflauf

mit Broccoli

7 SmartPoints Wert

Für 4 Personen
Fertig in: 55 Min.
Davon aktiv: 20 Min.
Familie | Low Carb
514 kcal | 2151 kJ

1 kg Broccoli
Salz, Pfeffer
1 Zwiebel
4 TL Olivenöl
600 g Tatar
4 Eier (Größe M)
100 ml Cremefine zum Kochen, 7 % Fett
1/2 TL Paprikapulver
1 Prise geriebene Muskatnuss
100 g geriebener Käse, 30 % Fett i. Tr.
600 g Tomaten
2 EL heller Balsamicoessig
1 EL Schnittlauchringe
1 Prise Zucker

1. Broccoli waschen, in Röschen teilen und in Salzwasser 5–8 Minuten vorgaren. Zwiebel schälen und würfeln. 2 TL Öl in einer Pfanne auf mittlerer bis hoher Stufe erhitzen und Tatar darin krümelig braten. Zwiebelwürfel kurz mitbraten und mit Salz und Pfeffer würzen. Backofen auf 200° C (Gas: Stufe 3, Umluft: 180° C) vorheizen.

2. Broccoliröschen abgießen und mit Tatar in einer Auflaufform (ca. 20 x 30 cm) mischen. Eier mit Cremefine verquirlen und mit Salz, Pfeffer, Paprikapulver und Muskatnuss würzen. Eiermischung über den Auflauf geben, mit Käse bestreuen und im Backofen auf mittlerer Schiene ca. 30 Minuten garen.

3. Tomaten waschen und in Spalten schneiden. Restliches Öl mit Essig, Schnittlauch und Zucker verquirlen, unter die Tomatenspalten mischen und mit Salz und Pfeffer kräftig abschmecken. Tatarauflauf mit Tomatensalat servieren.

Tatarbällchen aus dem Ofen

mit Bulgursalat

8 SmartPoints Wert

Für 2 Personen
Fertig in: 45 Min.
Davon aktiv: 30 Min.
To Go
538 kcal | 2251 kJ

120 g trockener Bulgur
Salz, Pfeffer
1/2 Bund Petersilie
1/2 unbehandelte Zitrone
60 g Tomatenmark
100 ml Wasser
1/2 TL Paprikapulver
250 g Tatar
1 Eigelb (Größe M)
1 EL Magerquark
je 1 rote und gelbe Paprika
1/2 kleine Salatgurke
125 Magermilchjoghurt

1. Backofen auf 200° C (Gas: Stufe 3, Umluft: 180° C) vorheizen. Bulgur nach Packungsanweisung in Salzwasser garen und abkühlen lassen. Petersilie waschen, trocken schütteln und hacken. 1 Msp. Zitronenschale abreiben und Zitronenhälfte auspressen.

2. Für den Dip Tomatenmark mit Wasser und Paprikapulver unter Rühren aufkochen und 2–3 Minuten köcheln lassen. Mit Zitronenschale verfeinern, mit Salz und Pfeffer abschmecken und abkühlen lassen.

3. Tatar mit Eigelb, Quark, 1 EL Petersilie, Salz und Pfeffer verkneten. Masse zu 12 Bällchen formen, auf einem mit Backpapier ausgelegten Backblech verteilen und im Backofen ca. 15 Minuten garen.

4. Für den Salat Paprika und Gurke waschen. Paprika entkernen und mit Gurke fein würfeln. Bulgur mit Paprika-, Gurkenwürfeln, Joghurt, 2 EL Zitronensaft und restlicher Petersilie verrühren und mit Salz und Pfeffer abschmecken. Tatarbällchen mit Bulgursalat und Dip servieren.

Neu: Die mediterrane, schnelle Alternative aus dem Weight Watchers Sortiment hat 10 SmartPoints.

Gemüseauflauf

mit Tatar

9 SmartPoints Wert

Für 2 Personen
Fertig in: 65 Min.
Davon aktiv: 20 Min.
574 kcal | 2400 kJ

200 g festkochende Kartoffeln
Salz, Pfeffer
1 Aubergine
1 Zucchini
1 Zwiebel
1 Knoblauchzehe
2 TL Olivenöl
250 g Tatar
2 TL Tomatenmark
1 TL Mehl
400 g stückige Tomaten (Konserve)
3 EL Frischkäse, bis 1 % Fett absolut
1 Msp. Kardamom
2 Eier (Größe M)
3 EL fettarme Milch
60 g geriebener Gouda, 30 % Fett i. Tr.

1. Kartoffeln schälen, in Scheiben schneiden und in Salzwasser ca. 8 Minuten vorgaren. Aubergine und Zucchini waschen und in feine Scheiben schneiden. Zwiebel schälen und in feine Ringe schneiden. Knoblauch pressen. Kartoffelscheiben abgießen. Backofen auf 200° C (Gas: Stufe 3, Umluft: 180° C) vorheizen.

2. Öl in einer Pfanne auf mittlerer Stufe erhitzen, Auberginen- und Zucchinischeiben darin ca. 4 Minuten anbraten, mit Salz und Pfeffer würzen, herausnehmen und zur Seite stellen.

3. Tatar im Bratensatz mit Zwiebelringen und Knoblauch krümelig braten. Tomatenmark zufügen, mit Mehl bestäuben und unter Rühren anschwitzen. Mit Tomaten ablöschen, mit Frischkäse und Kardamom verfeinern, mit Salz und Pfeffer würzen und kurz aufkochen. Kartoffelscheiben und Tatarmasse abwechselnd in eine Auflaufform (ca. 20 x 25 cm) schichten.

4. Auflauf mit Auberginen- und Zucchinischeiben belegen. Eier mit Milch verquirlen, Auflauf damit übergießen, mit Käse bestreuen und im Backofen auf mittlerer Schiene 25–30 Minuten garen. Gemüseauflauf mit Tatar servieren.

Blätterteigschnecken

2 SmartPoints Wert

Für 8 Stück
Fertig in: 55 Min.
Davon aktiv: 25 Min.
Familie | To Go
81 kcal | 341 kJ

- 2 Scheiben Blätterteig (TK, à 45 g)
- 1/2 Bund Frühlingszwiebeln
- 1 rote Paprika
- 20 g Schafskäse, 25 % Fett i. Tr.
- 1 TL Olivenöl
- 100 g Tatar
- Salz, Pfeffer
- 60 g Frischkäse, bis 1 % Fett absolut
- 1 TL gehackte italienische Kräuter
- 1 Prise Paprikapulver

1. Backofen auf 220 °C (Gas: Stufe 4, Umluft: 200 °C) vorheizen. Blätterteig nach Packungsanweisung vorbereiten. Frühlingszwiebeln waschen und in sehr feine Ringe schneiden. Paprika waschen, entkernen und in feine Würfel schneiden. Schafskäse fein würfeln.

2. Öl in einer Pfanne auf mittlerer bis hoher Stufe erhitzen, Tatar darin krümelig anbraten und mit Salz und Pfeffer würzen. Frühlingszwiebelringe und Paprikawürfel zufügen und kurz mitbraten. Frischkäse mit Schafskäsewürfeln, Tatar-Gemüse-Mischung und Kräutern verrühren. Mit Salz, Pfeffer und Paprikapulver würzen.

3. Blätterteigscheiben leicht überlappend zusammenlegen, ausrollen (ca. 20 x 25 cm) und mit Käse-Tatar-Mischung bestreichen. Blätterteig von der langen Seite aus aufrollen und in 8 ca. 3 cm breite Stücke schneiden. Blätterteigschnecken flach auf ein mit Backpapier ausgelegtes Backblech legen, im Backofen auf mittlerer Schiene 20–25 Minuten backen und servieren.

Dazu passt 1 Packung Pflücksalat mit einem Dressing aus 2 EL frisch gepresstem Orangensaft, 50 ml Gemüsebrühe (1/4 TL Instantpulver) und 1 TL Senf für 0 SmartPoints.

Lauchkuchen

mit Tatar

2 SmartPoints Wert

Für 20 Stück
Fertig in: 90 Min.
Davon aktiv: 40 Min.
90 kcal | 375 kJ

200 g Mehl
50 g Halbfettmargarine
50 ml Wasser
2 Eier (Größe M)
60 g geriebener Emmentaler, 45 % Fett i. Tr.
Salz, Pfeffer
1 große Stange Lauch (ca. 350 g)
1 TL Rapsöl
300 g Tatar
2 EL heller Balsamicoessig

1. Mehl, Margarine, Wasser, 1 Ei, 30 g Käse und 1 TL Salz zu einem glatten Teig verkneten, zwischen Frischhaltefolie rechteckig (ca. 30 x 40 cm) ausrollen und auf ein mit Backpapier ausgelegtes Backblech legen.

2. Backofen auf 200° C (Gas: Stufe 3, Umluft: 180° C) vorheizen. Lauch waschen und in Ringe schneiden. Öl in einer Pfanne auf mittlerer bis hoher Stufe erhitzen, Tatar darin krümelig braten, Lauchringe hinzufügen, kurz mitdünsten und mit Essig ablöschen.

3. Lauch-Hack-Mischung abkühlen lassen, mit restlichem Ei und Käse verrühren und mit Salz und Pfeffer würzen. Lauch-Hack-Mischung auf dem Teig verteilen, Lauchkuchen im Backofen auf mittlerer Schiene ca. 30 Minuten backen und servieren.

Kürbismuffins

mit Tatar

Für 12 Stück
Fertig in: 60 Min.
Davon aktiv: 30 Min.
To Go
82 kcal | 343 kJ

1 kleine Zucchini (ca. 150 g)
180 g Kürbisfruchtfleisch (z. B. Hokkaido)
150 g Mehl
100 g Magermilchjoghurt
2 Eier (Größe M)
1/2 TL Currypulver
Salz, Pfeffer
1 Zwiebel
1 TL Rapsöl
100 g Tatar

1. Zucchini waschen und mit Kürbisfruchtfleisch raspeln. Zucchini- und Kürbisraspel mit Mehl, Joghurt, Eiern, Currypulver, Salz und Pfeffer zu einem Teig verrühren.

2. Backofen auf 180°C (Gas: Stufe 2, Umluft: 160°C) vorheizen. Zwiebel schälen und fein würfeln. Öl in einer Pfanne auf mittlerer Stufe erhitzen und Zwiebelwürfel darin ca. 3 Minuten anbraten. Tatar zugeben und krümelig anbraten.

3. Tatarmasse unter den Teig heben und Teig in 12 Silikon-Muffinförmchen füllen. Kürbismuffins im Backofen auf mittlerer Schiene ca. 30 Minuten backen, auskühlen lassen und servieren.

Überbackene Cannelloni

mit Spinat-Hackfleisch-Füllung

11 SmartPoints Wert

Für 4 Personen
Fertig in: 95 Min.
Davon aktiv: 25 Min.
Familie
441 kcal | 1843 kJ

1 Zwiebel
1 rote Paprika
8 Cocktailtomaten
1 TL Rapsöl
300 g Tatar
1 Knoblauchzehe
400 g stückige Tomaten (Konserve)
150 ml Gemüsebrühe (1/2 TL Instantpulver)
1 TL Kräuter der Provence
1 EL Tomatenmark
150 g Spinat (TK)
Salz, Pfeffer
16 trockene Cannelloni
15 g Halbfettmargarine
2 EL Mehl
1 TL Senf
600 ml fettarme Milch
50 g geriebener Käse, 30% Fett i. Tr.

1. Zwiebel schälen und würfeln. Paprika waschen, entkernen und in Würfel schneiden. Tomaten waschen und halbieren.

2. Öl in einer Pfanne auf mittlerer bis hoher Stufe erhitzen und Tatar mit Zwiebelwürfeln darin ca. 3 Minuten anbraten. Knoblauch dazupressen, mit stückigen Tomaten und Brühe ablöschen, mit Kräutern und Tomatenmark verfeinern und mit Deckel ca. 15 Minuten köcheln lassen. Spinat dazugeben, ca. 5 Minuten mitgaren und mit Salz und Pfeffer würzen.

3. Backofen auf 190° C (Gas: Stufe 2, Umluft: 170° C) vorheizen. Cannelloni mit Fleischsauce füllen, in eine Auflaufform (ca. 24 x 30 cm) legen und restliche Sauce darüber verteilen.

4. Für die helle Sauce Margarine in einem Topf auf mittlerer Stufe schmelzen. Mehl und Senf einrühren und kurz anschwitzen. Unter Rühren mit Milch ablöschen und aufkochen. Sauce 2–3 Minuten köcheln lassen, Hälfte des Käses unterrühren und mit Salz und Pfeffer würzen.

5. Sauce über die Cannelloni verteilen, mit restlichem Käse bestreuen und Tomatenhälften daraufgeben. Cannelloni im Backofen auf mittlerer Schiene 30–40 Minuten garen und servieren.

Gefüllte Paprika

auf Tomatensauce

7 SmartPoints Wert

Für 2 Personen
Fertig in: 65 Min.
Davon aktiv: 15 Min.
Familie | To Go
400 kcal | 1674 kJ

400 g stückige Tomaten (Konserve)
100 ml Cremefine zum Kochen, 7 % Fett
1 TL dunkler Balsamicoessig
Salz, Pfeffer
1 Schalotte
300 g Tatar
1 EL gehackte Petersilie
1/2 TL Paprikapulver
je 1 rote und gelbe Paprika
1 Prise Zucker
2 kleine Scheiben Toast

1. Für die Sauce Tomaten mit Cremefine und Essig in einem Topf auf mittlerer Stufe aufkochen, mit Salz und Pfeffer würzen und ca. 10 Minuten köcheln lassen. Backofen auf 180° C (Gas: Stufe 2, Umluft: 160° C) vorheizen.

2. Schalotte schälen und fein würfeln. Tatar mit Schalottenwürfeln, Petersilie und Paprikapulver vermengen und mit Salz und Pfeffer würzen.

3. Paprika waschen, jeweils einen ca. 2 cm breiten Deckel abschneiden, Paprika entkernen, Hackfleischmischung einfüllen und Deckel daraufsetzen.

4. Tomatensauce mit Salz, Pfeffer und Zucker würzen und in eine Auflaufform (Ø ca. 20 cm) geben. Paprika daraufsetzen und im Backofen auf mittlerer Schiene 40–45 Minuten garen.

5. Toastscheiben diagonal halbieren, 3 Minuten vor Ende der Garzeit in den Backofen geben und mitrösten. Gefüllte Paprika mit Tomatensauce und Toastecken servieren.

Ofenbuletten

mit Karottenstampf

7 SmartPoints Wert

Für 4 Personen
Fertig in: 30 Min.
Davon aktiv: 20 Min.
Familie | Schnell
379 kcal | 1587 kJ

500 g Tatar
3 EL Magerquark
2 TL Tomatenmark
3 EL mittelscharfer Senf
Salz, Pfeffer
einige Tropfen Tabasco
2 Gläser Kartoffeln
(à 420 g Abtropfgewicht)
800 g Karottenwürfel (TK)
500 ml Gemüsebrühe
(2 TL Instantpulver)
1 Prise geriebene
Muskatnuss
2 TL gehackte Petersilie

1. Backofen auf 200° C (Gas: Stufe 3, Umluft: 180° C) vorheizen. Tatar mit Quark, Tomatenmark und 1 EL Senf verkneten und mit Salz, Pfeffer und Tabasco würzen. Masse zu 12 flachen Buletten formen und auf ein mit Backpapier ausgelegtes Backblech legen. Buletten im Backofen auf mittlerer Schiene ca. 15 Minuten backen.

2. Kartoffeln abtropfen lassen, in Würfel schneiden und mit Karottenwürfeln in Brühe ca. 8 Minuten garen. Gemüse abgießen, dabei 150 ml Brühe auffangen. Kartoffel- und Karottenwürfel mit Brühe zerstampfen, mit Muskatnuss und Petersilie verfeinern und mit Salz und Pfeffer würzen. Ofenbuletten mit restlichem Senf und Karottenstampf servieren.

Lasagne
mit Bolognesesauce

8 SmartPoints Wert

Für 6 Personen
Fertig in: 1 Std. 45 Min.
Davon aktiv: 45 Min.
Familie
356 kcal | 1488 kJ

- 1 große Zwiebel
- 2 Karotten
- 2 Stangen Staudensellerie
- 2 Knoblauchzehen
- 1 TL Olivenöl
- 500 g Tatar
- 100 g magere Schinkenwürfel
- 2 EL Tomatenmark
- 600 g stückige Tomaten (Konserve)
- 500 ml Rinderbrühe (2 TL Instantpulver)
- 1 TL Zucker
- 2 EL gehackter Oregano
- Salz, Pfeffer
- 400 ml fettarme Milch
- 1 Handvoll Petersilie
- 1 Lorbeerblatt
- 2 EL Speisestärke
- 1 TL Wasser
- 1 TL Dijon-Senf
- 8 trockene Lasagneblätter
- 50 g geriebener Parmesan

1. Für die Fleischsauce Zwiebel und Karotten schälen, Sellerie waschen und alles würfeln. Knoblauch hacken. Öl in einer Pfanne auf mittlerer Stufe erhitzen, Tatar mit Schinkenwürfeln darin 8–10 Minuten braten und herausnehmen. Zwiebel-, Karotten- und Selleriewürfel im Bratensatz mit Deckel ca. 10 Minuten garen. Knoblauch zugeben und ohne Deckel weitere ca. 2 Minuten garen.

2. Tatar-Schinken-Mischung zum Gemüse geben, Tomatenmark unterrühren, mit Tomaten und Brühe ablöschen und mit Zucker und Oregano verfeinern. Sauce aufkochen und auf niedriger Stufe ca. 30 Minuten köcheln lassen. Mit Salz und Pfeffer abschmecken. Für die helle Sauce Milch in einem Topf auf niedriger bis mittlerer Stufe erhitzen. Petersilie waschen, trocken schütteln, grob zerkleinern und mit Lorbeerblatt dazugeben. Fast zum Kochen bringen, vom Herd nehmen und ca. 10 Minuten ziehen lassen. Backofen auf 180° C (Gas: Stufe 2, Umluft: 160° C) vorheizen. Milch durch ein Sieb gießen und wieder in den Topf geben.

3. Speisestärke mit Wasser anrühren, zur Milch geben und unter Rühren aufkochen. Sauce mit Senf verfeinern und mit Salz und Pfeffer abschmecken. Fleischsauce, helle Sauce und Lasagneblätter im Wechsel in eine Auflaufform (Inhalt ca. 2 Liter) füllen, dabei mit heller Sauce abschließen. Mit Parmesan bestreuen und im Backofen auf mittlerer Schiene ca. 45 Minuten garen. Lasagne servieren.

Tatar-Kartoffel-Täschchen

7 SmartPoints Wert

Für 2 Personen
Fertig in: 45 Min.
Davon aktiv: 20 Min.
336 kcal | 1407 kJ

100 g festkochende Kartoffeln
Salz, Pfeffer
1 kleine Zwiebel
2 Knoblauchzehen
3 TL Olivenöl
200 g Tatar
3 Stängel Minze
75 g Erbsen (Konserve)
1/2 TL Kreuzkümmel
1 Prise Zimt
2 Blätter Filoteig (Frischprodukt, à 25 g)

1. Kartoffeln schälen, fein würfeln und in Salzwasser ca. 12 Minuten garen. Kartoffelwürfel abgießen und beiseitestellen. Zwiebel schälen und würfeln. Knoblauch hacken.

2. Backofen auf 220° C (Gas: Stufe 4, Umluft: 200° C) vorheizen. 1 TL Öl in einer Pfanne auf mittlerer bis hoher Stufe erhitzen und Tatar darin krümelig anbraten. Zwiebelwürfel und Knoblauch dazugeben und ca. 5 Minuten mitbraten. Kartoffelwürfel mit Tatar verrühren. Minze waschen, trocken schütteln, hacken und mit Erbsen dazugeben. Mit Kreuzkümmel und Zimt verfeinern und mit Salz und Pfeffer würzen.

3. Filoteig jeweils halbieren und 1/4 der Hackmischung auf das untere Ende eines Teigstücks geben. 1 Ecke des Teigs zu einem Dreieck über die Hackmischung klappen. Dreieck erneut umklappen, dabei den Teig mit etwas Öl bepinseln. Vorgang wiederholen, bis das Ende des Teigs erreicht ist.

4. Teigtäschchen auf ein mit Backpapier ausgelegtes Backblech legen und Vorgang mit den restlichen 3 Teigplatten wiederholen. Im Backofen auf mittlerer Schiene ca. 10 Minuten backen und Tatar-Kartoffel-Täschchen sofort servieren.

Zucchini-Kartoffel-Gratin

mit Hackfleischbällchen

9 SmartPoints Wert

Für 1 Person
Fertig in: 70 Min.
Davon aktiv: 20 Min.
Familie
401 kcal | 1679 kJ

1 kleine Zwiebel
100 g Tatar
1 EL Magerquark
Salz, Pfeffer
1 Prise Currypulver
1 Prise Paprikapulver
1 TL Rapsöl
150 g festkochende Kartoffeln
1 Zucchini
75 ml Cremefine zum Kochen, 7 % Fett
1 TL gehackter Majoran

1. Backofen auf 180° C (Gas: Stufe 2, Umluft: 160° C) vorheizen. Zwiebel schälen, fein würfeln und mit Tatar und Quark mischen. Mit Salz, Pfeffer, Curry- und Paprikapulver würzen und zu 8 kleinen Kugeln formen. Auflaufform (ca. Ø 18 cm) mit Öl einpinseln. Kartoffeln schälen, Zucchini waschen und beides in dünne Scheiben schneiden.

2. Kartoffel- und Zucchinischeiben in der Form verteilen und mit Salz und Pfeffer würzen. Tatarkugeln darauflegen und Gratin im Backofen auf mittlerer Schiene ca. 40 Minuten backen. Cremefine über die Masse gießen und mit Salz, Pfeffer und Majoran würzen. Zucchini-Kartoffel-Gratin ca. 10 Minuten ruhen lassen und servieren.

Griechischer Flammkuchen

mit Tatar

7 SmartPoints Wert

Für 4 Personen
Fertig in: 30 Min.
Davon aktiv: 15 Min.
Schnell
328 kcal | 1371 kJ

1 rote Zwiebel
je 1 gelbe und grüne Paprika
200 g Cocktailtomaten
8 entsteinte schwarze Oliven in Lake
2 eingelegte Peperoni ohne Öl
50 g Schafskäse, 25 % Fett i. Tr.
100 g Frischkäse, bis 1 % Fett absolut
Salz, Pfeffer
1 Packung Flammkuchenteig (Frischprodukt, 260 g)
200 g Tatar
1 TL gehackter Oregano

1. Zwiebel schälen und in Ringe schneiden. Paprika und Tomaten waschen. Paprika entkernen und in Streifen schneiden. Tomaten halbieren. Oliven und Peperoni in Ringe schneiden.

2. Für die Creme Schafskäse zerbröseln, mit Frischkäse verrühren und mit Salz und Pfeffer abschmecken.

3. Backofen auf 220° C (Gas: Stufe 4, Umluft: 200° C) vorheizen. Flammkuchenteig nach Packungsanweisung ausrollen und auf ein mit Backpapier ausgelegtes Backblech legen.

4. Teig mit Creme bestreichen, Tatar mit Salz und Pfeffer würzen und in Flocken gleichmäßig auf dem Teig verteilen. Teig mit Paprikastreifen, Tomatenhälften, Zwiebel-, Oliven- und Peperoniringen belegen, mit Salz und Pfeffer würzen und mit Oregano bestreuen. Flammkuchen im Backofen auf mittlerer Schiene 15–20 Minuten backen. Griechischen Flammkuchen servieren.

Schnell geschnippelt

Blitzschnell schneidest du die Cocktailtomaten, indem du sie auf einen flachen Teller legst, einen weiteren mit der Oberseite nach unten vorsichtig auf die Tomaten drückst und mit einem langen Messer zwischen den Tellern herschneidest. So kannst du alle Cocktailtomaten auf einmal halbieren.

„Wieder eine 5 vorne auf der Waage, der Wahnsinn."

Nach der Geburt ihrer Tochter war die 29-jährige Ramona der glücklichste Mensch auf Erden. Inzwischen ist sie auch ihre hartnäckigen Babypfunde los: In vier Monaten nahm sie mit Weight Watchers Online 13 Kilo ab – und ist jetzt auch mit ihrer Figur rundum zufrieden.

Name: Ramona
Alter: 29 Jahre
Erfolg: -13 kg
Teilnahme: Online

Wie war dein Einstieg ins Weight Watchers Programm?

Mir war es wichtig, einen Ernährungsstil zu finden, der zu mir passt: Nudeln, Kartoffeln oder Reis – das sind Lebensmittel, die mich glücklich machen, und die wollte ich auf jeden Fall weiter essen. Alternativen habe ich beispielsweise fürs Frühstück gesucht: Statt der XL-Brötchen vom Bäcker habe ich zu kleineren Aufbackbrötchen gegriffen, die mir mehr Spielraum in meinem SmartPoints Budget gegeben haben. Da konnte ich dann abends auch noch mal ein Stückchen Schokolade naschen.

Was war dein Ziel, als du gestartet bist?

Zu meinem bevorstehenden 29. Geburtstag wollte ich die Figur haben, die ich mit 20 hatte. Und ich wollte mich in meinem nächsten Sommerurlaub wieder im Bikini sonnen. Außerdem wollte ich mich insgesamt gesünder ernähren und meiner kleinen Tochter ein Vorbild sein. Ich hatte während der Schwangerschaft schon mit dem Rauchen aufgehört, die Umstellung der Ernährung war da nur konsequent.

Wie hast du dich denn vorher ernährt?

Ganz unregelmäßig: Das Frühstück habe ich meist komplett ausgelassen und erst mittags etwas zu mir genommen. Abends haben mein Mann und ich uns dann reichhaltige Nudelaufläufe zubereitet: mit einer XL-Portion Pasta, viel Sahnesauce und Käse – und davon gerne auch zwei oder drei Teller. Diese Aufläufe waren echte Kilofallen. Heute weiß ich, dass es auch leichter geht.

War die Umstellung einfach?

Ja, absolut! In den ersten beiden Wochen habe ich mich nach Mahlzeitenplänen ernährt. Nach drei bis vier Wochen hatte sich schon alles eingespielt. Dabei habe ich von Anfang an super abgenommen. Ich war aber auch wirklich sehr eisern und hatte mein Ziel fest vor Augen.

Welche Rolle spielt die Bewegung?

Zwei- bis dreimal die Woche besuche ich einen Zumba-Kurs. Anfangs war ich da skeptisch, weil ich eigentlich zwei linke Füße habe. Aber Zumba ist einfach nur Spaß pur. Die Stunde vergeht ruck, zuck und man hat richtig etwas getan. Außerdem hält mich meine Kleine auf Trab: Wir gehen täglich mindestens eineinhalb Stunden spazieren.

Wie war das, als du dein Ziel erreicht hast?

Himmlisch! Ich hatte eine 5 vorne auf der Waage, der Wahnsinn. Wobei ich inzwischen nicht mehr so auf Zahlen fixiert bin... Ursprünglich hatte ich 55 Kilo als Zielgewicht angepeilt. Aber ich bin mit meinen 57 Kilo super glücklich, da muss nicht mehr runter. Statt Größe 40 trage ich eine 36 – und der Bikini ist locker wieder drin.

Ramonas Erfolgstipps:

- Am meisten geholfen hat mir das Tagebuch von Weight Watchers: Das habe ich ganz einfach und bequem in der App geführt.
- Auf den Wiegetag habe ich mich immer gefreut: Man bekommt dann ja auch einen Hinweis auf dem Smartphone. Wenn ich erfolgreich war, gab´s einen Stern – das machte richtig gute Laune.
- Sehr gerne habe ich online auch die Rezeptdatenbank durchforstet: Die Rezepte sind alle wahnsinnig lecker. Zu meinen Top 3 gehören Lasagne mit Hackfleisch, Putenpenne und Schoko-Orangen-Plätzchen.
- Lecker als kleine Belohnung, wenn ich abends noch Punkte übrig hatte:
  die Weight Watchers Snack it-Produkte!

Autorin: Silke Bruns
Fotografin: Tania Walck

Auf einen Blick

Lust auf ...

... Burger & Sandwiches?

... Exotisches?

... Frikadellen & Co.?

... Geflügel?

... Klassiker?

... Lamm?

... Low carb?

... Mediterranes?

... Pasta?

... Scharfes?

... Schnelles?

Impressum

Redaktion
Weight Watchers Deutschland
Claudia Braun, Valerie Altmann

Realisierung
Food Professionals Köhnen GmbH, Sprockhövel
Projektleitung Silke Höpker
Rezepte Ingrid Schmand, Kathrin Schmitt
Versuchsküche Judith Balks, Dennis Webers

Fotografie
Klaus Arras, Florian Bonanni, Carsten Eichner, Dirk Przibylla, Hubertus Schüler (Titel), Stefan Schulte-Ladbeck, Weight Watchers International

Foodstyling
Katja Briol, Marc Fleischer, Thomas Lauterbach, Maren Jahnke, Stefan Mungenast, Alexander Rauter, Bonnie Reymann, Jörg Schmitz, Christa Schraa, Katharina Wetjen, Weight Watchers International

Bildnachweise
Thinkstock S. 7, Niehaus Knüwer and friends GmbH Werbeagentur, Düsseldorf S. 14, 18, 69

Gestaltungskonzept und Grafik
Niehaus Knüwer and friends GmbH Werbeagentur, Düsseldorf,
Food Professionals Köhnen GmbH, Sprockhövel

Druck
paffrath print & medien GmbH, Remscheid

Weight Watchers (Deutschland) GmbH
www.weightwatchers.de
Info-Hotline 01802 - 23 45 64*

ISBN 978-3-9819029-0-7

1. Auflage 2017

*0,06 €/Anruf aus dem Festnetz, Mobilfunk höchstens 0,42 €/Minute.

PEFC zertifiziert. Dieses Papier stammt aus nachhaltig bewirtschafteten Wäldern und kontrollierten Quellen.
www.pefc.de